Nuestros sentidos

LA VISTA

Kay Woodward

Please visit our web site at: **www.garethstevens.com**
For a free color catalog describing Gareth Stevens Publishing's
list of high-quality books and multimedia programs, call
1-800-542-2595 (USA) or **1-800-387-3178 (Canada).**
Gareth Stevens Publishing's fax: (414) 332-3567.

Library of Congress Cataloging-in-Publication Data

Woodward, Kay.
    [Sight. Spanish]
    La vista / Kay Woodward.
        p. cm — (Nuestros sentidos)
    Includes index.
    ISBN 0-8368-4417-3 (lib. bdg.)
    1. Vision—Juvenile literature.   I. Title.
    QP475.7.W6518   2005
    612.8'4—dc22   2004052573

This North American edition first published in 2005 by
Gareth Stevens Publishing
A World Almanac Education Group Company
330 West Olive Street, Suite 100
Milwaukee, Wisconsin 53212 USA

This U.S. edition copyright © 2005 by Gareth Stevens, Inc.
Original edition copyright © 2005 by Hodder Wayland.
First published in 2005 as *Sight* by Hodder Wayland, an
imprint of Hodder Children's Books, a division of Hodder
Headline Limited, 338 Euston Road, London NW1 3BH, U.K.

Commissioning Editor: Victoria Brooker
Book Editor: Katie Sergeant
Consultant: Carol Ballard
Picture Research: Katie Sergeant
Book Designer: Jane Hawkins
Cover: Hodder Children's Books

Gareth Stevens Editor: Barbara Kiely Miller
Gareth Stevens Designer: Kami Koenig
Gareth Stevens Translators: Tatiana Acosta and
                                        Guillermo Gutiérrez

Printed in China

1 2 3 4 5 6 7 8 9 09 08 07 06 05

Picture Credits
Archie Miles: 12; Ardea: 19 (Jim Zipp); Corbis: imprint page,
13 (Jack Hollingsworth), 4 (Tom and Dee Ann McCarthy),
7 (Royalty-Free), 9 (Earl & Nazima Kowall), 11 (FK Photo),
14 (Ariel Skelley), 21 (Gallo Images/Anthony Bannister);
FLPA: 20 (B.B. Casals); Getty Images: cover (The Image
Bank/Pete Atkinson), title page (Stone/Patrisha Thomson),
8 (Taxi/David Leahy), 10 (Stone/Pascal Crapet); Martyn F.
Chillmaid 16, 17; NaturePl.com: 18 (Lynn M. Stone/Royalty-
Free); Wayland Picture Library: 5, 15. The artwork on page
6 is by Peter Bull, and the artwork on pages 22 and 23
is by Jane Hawkins.

Información sobre la autora

Kay Woodward es una experimentada autora de libros
infantiles que ha escrito más de veinte obras de ficción
y no ficción.

Información sobre la consultora

Carol Ballard es una coordinadora de escuela elemental
especializada en ciencias. Ha escrito muchos libros
infantiles y asesora a varias editoriales.

CONTENIDO

Las palabras en **negrita** aparecen en el glosario.

¡MIRA A TU ALREDEDOR!

El mundo está lleno de objetos, colores y formas. Algunos son claros y brillantes. Otros son opacos y oscuros. Algunos se mueven, otros no.

En el tiovivo hay muchos colores en movimiento.

Nuestro **sentido** de la **vista** nos permite
ver las asombrosas cosas que nos rodean.
Usamos los ojos para ver.

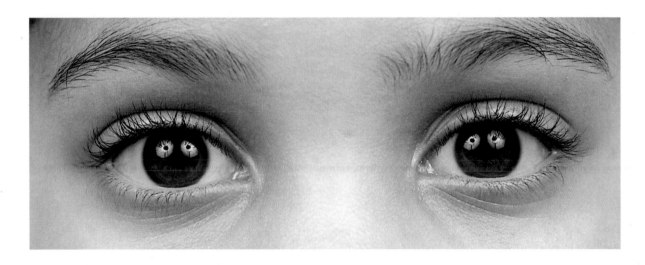

La parte coloreada de tus ojos se llama iris.
El centro, de color negro, es un agujero
en el iris, y se llama pupila.

CÓMO FUNCIONAN TUS OJOS

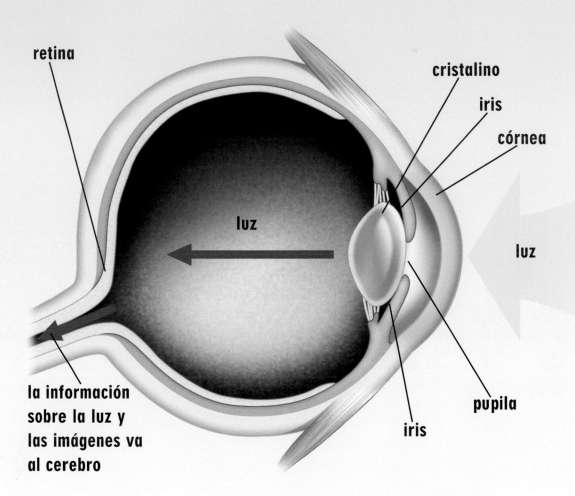

retina

cristalino

iris

córnea

luz

luz

la información sobre la luz y las imágenes va al cerebro

pupila

iris

Así es un ojo por dentro.

La luz rebota en un objeto y entra a tus ojos, proporcionando información sobre la forma y el color del objeto. En tu **retina** se forma una **imagen** invertida del objeto. La imagen se envía entonces a tu cerebro, que endereza la imagen y te dice de qué objeto se trata. Así es como vemos.

Cada ojo te da una visión ligeramente diferente de un mismo objeto. Sostén un objeto frente a tu cara. Primero, cierra sólo tu ojo izquierdo; después, cierra sólo el derecho. ¿Puedes ver la diferencia?

Tu cerebro combina la visión de los dos ojos.

Esto te ayuda a saber a qué distancia están las cosas.

LUZ Y OSCURIDAD

Las pupilas se cierran cuando hay mucha luz.

La luz entra en tus ojos a través de las **pupilas**. Tus **iris** tienen unos músculos que cambian el tamaño de las pupilas para dejar que sólo entre la cantidad de luz necesaria. Cuando hay mucha luz, las pupilas se hacen más pequeñas para que no entre demasiada luz a los ojos.

Las pupilas se agrandan en la oscuridad.

Cuando está oscuro o hay poca luz, las pupilas se agrandan. Cuando las pupilas se agrandan, entra más luz a los ojos y puedes ver mejor.

LAS LÁGRIMAS Y EL PARPADEO

Las lágrimas salen de pequeños agujeros o conductos que están cerca del rabillo de cada ojo. Cuando nos lastimamos o estamos tristes, salen lágrimas de los conductos lagrimales.

Parpadeamos miles de veces al día. El parpadeo mantiene los ojos limpios, sanos y húmedos.

¿NÍTIDO O BORROSO?

El **cristalino**, que está cerca de la parte delantera del ojo, **enfoca** la luz que entra en el ojo. Si el cristalino tiene la forma correcta, los objetos se ven nítidos. Si el cristalino es más largo, más corto, más delgado o más grueso de lo normal, las cosas se ven borrosas.

imagen nítida

imagen borrosa

Algunas personas tienen una vista perfecta, pero muchos necesitan **anteojos** para ver con nitidez.

VER BIEN

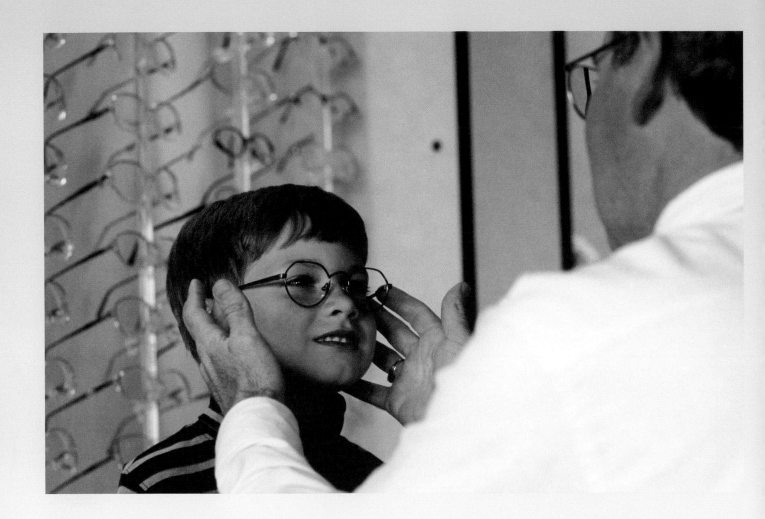

Un optómetra es un médico que examina la vista de las personas. El optómetra va colocando distintas **lentes** delante de tus ojos hasta encontrar la que te ayuda a ver mejor. Un óptico hace entonces las lentes apropiadas para tus anteojos.

Muchas personas prefieren usar lentes de contacto, en vez de anteojos. Los lentes de contacto son pequeños trozos de plástico que se colocan sobre la **córnea** de cada ojo.

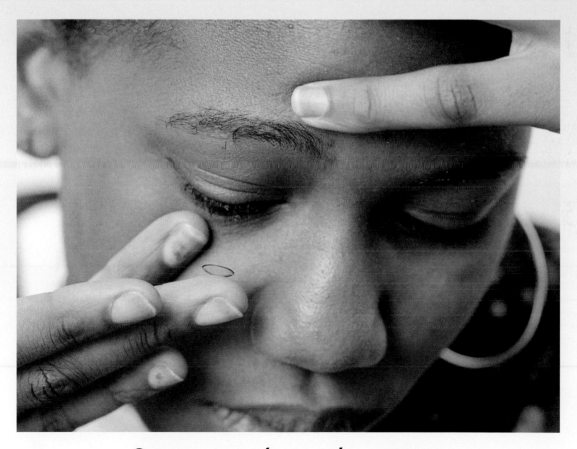

Quienes usan lentes de contacto deben mantenerlos muy limpios.

LA CEGUERA

Las personas ciegas no pueden ver. Algunas personas nacen ciegas. Otras se quedan ciegas a causa de una lesión o de una enfermedad. Algunos pierden la visión sólo en un ojo.

Los perros lazarillo están entrenados para ayudar a personas ciegas.

El braille es un sistema de escritura por medio de puntos en relieve organizados en distintos patrones. Los patrones representan letras y otros caracteres. Para leer, las personas ciegas tocan los puntos con los dedos.

LOS ANIMALES Y LA VISTA

Los gatos pueden ver movimientos mínimos en la oscuridad.

Algunos animales no ven las cosas como las vemos nosotros. Muchos tiburones pueden ver sólo en blanco y negro. Los ojos de los gatos pueden ver bien en la oscuridad o con muy poca luz.

Los halcones tienen una vista excelente. Mientras planean en el aire, pueden ver animales pequeños que están mucho más abajo que ellos.

Un halcón busca su presa, mientras vuela muy alto en el cielo.

LOS INSECTOS Y LA VISTA

Las arañas, animales emparentados con los insectos, tienen ocho ojos. Pueden ver por delante, por detrás y por los lados de la cabeza — ¡a un mismo tiempo!

Como tienen ocho ojos, las arañas pueden ser difíciles de atrapar.

Algunos insectos, como las mariposas y libélulas,
tienen sólo dos ojos, pero cada ojo está formado
por muchos ojitos más pequeños. Desde todos
esos ojitos pequeños se envía información al
cerebro para que éste forme una sola imagen.

¿ES LO QUE VES COMO LO VES?

Las ilusiones ópticas son imágenes que engañan a los ojos y al cerebro. ¿Qué ves en los siguientes dibujos?

1. ¿Qué muestra este dibujo: un jarrón o dos caras?

Respuesta: Este dibujo muestra un jarrón ¡y dos caras! ¿Puedes ver el jarrón azul claro? Mira de nuevo el dibujo y trata de encontrar las dos caras de color azul oscuro.

2. Mira las líneas moradas. ¿Son rectas o curvas?

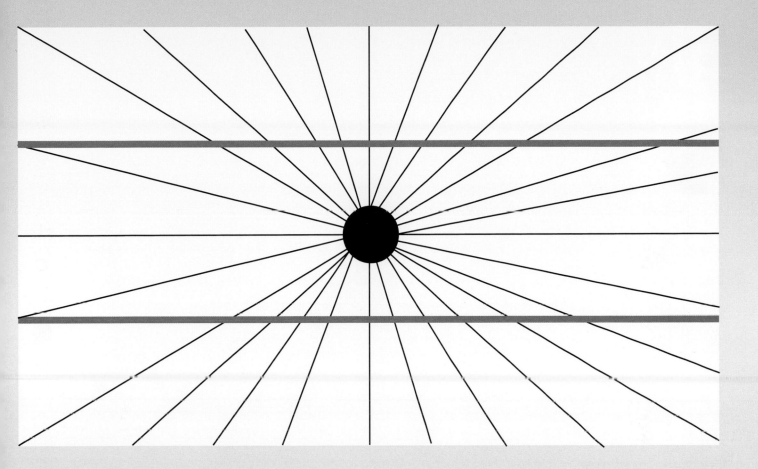

Respuesta: Parece que las líneas moradas son curvas, pero si colocas una regla junto a ellas podrás ver que son rectas. El círculo negro y las delgadas líneas negras han engañado a tus ojos.

GLOSARIO

anteojos: un par de lentes de vidrio o de plástico que se sostienen frente a los ojos con una montura. Los anteojos también se llaman lentes o gafas.

córnea: parte externa y transparente del ojo que cubre el iris y la pupila

cristalino: parte curva y transparente del ojo que enfoca la luz para formar una imagen en la retina

enfocar: ajustar la luz para crear una imagen nítida

imagen: figura de un objeto formada por una lente o un espejo

iris: parte coloreada del ojo que ajusta el tamaño de las pupilas

lente: objeto curvo y transparente que enfoca la luz

pupila: agujero en el centro del iris por donde entra la luz al ojo

retina: el fondo del ojo donde se forma una imagen invertida de un objeto antes de enviarla al cerebro para que la identifique

sentido: facultad natural para recibir e identificar información mediante uno o más de los órganos receptores del cuerpo, como los oídos, los ojos, la nariz, la lengua y la piel. Los cinco sentidos son: oído, vista, olfato, gusto y tacto.

vista: facultad de ver e identificar la ubicación, el color y la forma de los objetos

ÍNDICE